RÉFLEXIONS

SUR

LE MOMENT PRÉSENT,

PAR FÉLIX LEPELETIER,

OU

Suite de celles déjà publiées par le même, et offertes par lui à la Convention Nationale, en Floréal de l'an 3.

Le siècle le plus barbare, n'est pas celui où il y a le plus d'impétuosité dans les actions, mais le plus de fausseté dans les sentimens.

BARTHELEMI, *Voyage du jeune Anacharsis.*

PARIS.

Le 27 Floréal, An 4 de la République Française.

AVANT-PROPOS.

JE n'ai jamais conçu ces hommes qui, parce qu'ils se trouvent bien du système établi momentanément, s'imaginent qu'il est le nec plus ultrà de la raison humaine ;

Pas plus ceux qui, parce qu'ils sont les pères de ce système, s'imaginent qu'ils doivent le défendre à tel prix que ce soit, malgré qu'ils apperçoivent et conviennent eux-mêmes que, sous le rapport général, il est mauvais ;

Pas plus ceux qui, ayant montré un caractère dans la Révolution, paroissent sans cesse être poursuivis par une lâche crainte des événemens, et se vouer, sans un plus profond examen, à la foiblesse et par suite à une acrimonie pénible ;

Pas plus ceux qui, s'engouant, sans trop savoir pourquoi, d'une chose plutôt que d'une autre, en deviennent les chevaliers errans, rompent à tort et à travers des lances en sa faveur, parce qu'il y a une espèce de fanatisme attaché à ce mot ;

Pas plus ceux qui, attaquant ou faisant

attaquer sans cesse les amis de la Révolution, laissent en paix les émigrés rentrés, les chouans, ouvrent la lice de nouveau aux contumax de vendémiaire, et prétendent par ces mesures sauver la patrie.

Je ne conçois pas plus ceux qui, agiotant sur leurs plumes, vénales comme leurs ames, se prostituent au métier infâme de calomniateur, et cela avec d'autant plus de turpitude qu'ils mentent sciemment à leurs propres consciences; non, je ne les conçois pas.

Je conçois ceux, par exemple, qui craignent pour l'humanité les crises révolutionnaires, mais qui, s'appercevant des vices radicaux d'un gouvernement, en parlent avec franchise, crient au feu avant que la maison ne soit totalement brûlée; qui, loin de faire le procès à la Révolution, la défendent sans cesse; qui, y ayant perdus plus que d'autres, sont prêts encore à de nouveaux sacrifices. J'en connois, dont les sentimens les plus chers, les plus sacrés ont été froissés, dont toutes les affections ont été attaquées, qui n'ont composés au détriment de la Patrie ni avec l'intérêt, ni avec la nature, ni avec les plaisirs (1).

____

(1) Ce n'est point à moi à faire la note telle qu'elle

Ils disent : si quelques misérables nous calomnient, au lieu d'y répondre péniblement par des vérités dures, contentons-nous de faire des actions, dont le profit appartienne à tous; traçons quelques pensées fortes (1), franches, sincères. Si une seule tourne au profit de la révolution, nous serons assez vengés des calomniateurs. On est inquiet de savoir ce qui se passe dans notre ame; eh! bien, révélons notre conscience. Si, par cet acte, nous blessons quelques lois; si c'est un piége que l'on nous tend, nous y tombons volontiers. Malheur seulement à l'institution qui commande la fourbe, la duplicité! Après cet acte, après cette confession morale et politique, nous nous sentons la force d'attendre soit l'exil aux Carrières, soit la ciguë que but souvent la vérité.

---

devroit se trouver ici. Elle appartient à la vérité; mais, tracée par d'autres mains que les miennes. Ce n'est pas tout que de faire son devoir; il est des momens dans la vie, où l'on doit taire ce que l'on fait. Ce sacrifice devient d'autant plus grand, lorsque la réputation est en quelque sorte attachée à se révéler. Mais il est d'autres momens, où la vérité perce d'elle-même, ou par autrui; c'est cet instant que je dois attendre avec calme.

(1) Je m'attends bien à voir mon écrit lacéré par la haine, tronqué par les passions; mais je déclare, que j'en appelle d'avance de tout jugement sur lambeaux à la connoissance totale de l'œuvre.

DIVISION DE L'OUVRAGE.

RÉFLEXIONS

SUR

LE MOMENT PRÉSENT.

CHAPITRE PREMIER.

Des sentimens qui affectent les républicains observateurs et calculateurs, et qui les aigrissent.

Seroit-il possible qu'un jour, aux yeux du peuple français, ses meilleurs amis, ses plus ardens défenseurs, ceux même qui auroient fait les plus grands sacrifices pour opérer son bonheur, les ames les plus pures puissent passer pour ses ennemis !

Seroit-il possible que ce sublime peuple égaré, expirant par le malheur, loin de rendre justice au moins aux intentions de ces mêmes hommes, les appellât hautement des brigands, des imposteurs, des scélérats; et la révolution, produit sacré de la philosophie et des lumières, un long forfait, une longue angoisse de malheurs publics et particuliers, l'œuvre enfin de tous les vices, de tous les crimes, de toutes les passions viles et sordides !

Oui, cela se peut ; et ce sont précisément là les bases de l'acte d'accusation que dresse dès long-tems contre vous tous, défenseurs de la révolution, le royalisme, qui, plus que jamais, doit concevoir et conçoit le plus effroyable espoir de faire le procès juridiquement à la cause de la liberté et de l'égalité ; car, pour ses courageux défenseurs, ils ne lui survivroient pas ; ils ne tomberont pas vivans aux mains des tyrans ; mais j'ai dit que le peuple pouvoit les maudire : oui, s'ils ne savent fonder avec force le bonheur social, et justifier la révolution.

L'histoire aussi, qui déjà tailloit sa plume, pour tracer leurs vertus, leur gloire, ne racontera que leur ignominie ; le malheur du peuple frappera seul ses oreilles, et fuyant même nos ombres avec horreur, la postérité nous condamnera sans nous entendre ; nous n'aurons point le droit de réclamer contre ce jugement ; nous eûmes tous les moyens de réussir. Exécrables à nos enfans, la larme du malheureux ne viendra pas se répandre sur notre tombe ; et nos urnes brisées par la vengeance livreront même aux élémens destructeurs nos cendres impassibles.

Ami de la révolution, si tu as foibli dans ta carrière, relis ce funeste avenir. Que tes yeux se fixent sur ce tableau ! Que ton ame se retrempe à la vue de cette perspective trop fidelle, que ma main ose à peine te tracer.

Toutefois, ce n'est point au découragement, à la foiblesse que je conduis tes pas. Ces inspirations douloureuses, qui m'arrachent moi-même

même à la retraite, qui m'enlèvert à une existence heureuse ; ces sentimens de malheurs prévus, qui me font souvent franchir le seuil de mes Dieux Pénates, ou prendre une plume plus sentimentale que formée par une longue expérience ; ces inspirations et ces sentimens, dis-je, n'appartiennent point au désespoir.

Ecoutes-moi ; je viens te parler pour éviter d'horribles catastrophes. Ecoutes-moi ; tu entendras la calomnie faire siffler sur ma tête ses serpens homicides : laisses-les faire ; courir pour le bien public quelques dangers, c'est seiner.

Celui qui combat pour l'égalité soulève contre lui tous les vices. Les corps des hommes de bien sont les marches du trône de la liberté ; l'estime de soi-même met au-dessus des scélératesses, et c'est recueillir déjà que plaider en faveur des belles institutions par lesquelles la morale, redressant la nature, évoque tous les hommes, et les invite à se ranger le plus possible sous le niveau de la paisible égalité.

Entre Germinal et Prairial, dans ces momens de deuil, l'énergie et le dévouement recevoient des fers ou le trépas. J'osai élever à cette époque ma foible voix. Ce fut dans le sanctuaire des lois que je répandis alors quelques réflexions sur le dérivement des idées.

J'osai parler aussi des piéges que les ennemis de la révolution tendoient aux représentans du peuple ; j'en dévoilai les trompeuses amorces ; je voulois prévenir de funestes écarts sur les principes, et montrer au doigt la fausseté de certaines caresses. Mes accens et sur les bases

B

sociales et sur les haines perfides ; mes accens justes et sincéres ne purent rien ; il n'en est rien résulté d'heureux pour la patrie ; mais j'en ai conservé le droit de parler encore ; car je n'ai point flatté.

Il m'étoit démontré alors, il me l'est encore aujourd'hui, que le sort de la révolution tient à certaines règles, à telle combinaison générale, à la plus ample étendue des idées, au chef-d'œuvre de la morale, à la démocratie.

Vous vous irritez déjà, vous, l'un des chefs des premiers écarts, vous qui vous écriâtes sans pudeur dans le sein de la représentation nationale : *il est tems de le dire enfin, l'aristocratie est le meilleur des gouvernemens* (1). Et vous aussi, qui, pendant la discussion de la constitution, avez prononcé ces mots : *législateurs, puisque vous voulez encore essayer la République* (2).... Mais, rassurez-vous ; ce n'est pas la vengeance que je viens provoquer ; je viens appeller de vos idées fausses à l'expérience, et vous tracer le sentier du repentir.

Vous les avez, il est vrai, entendues aussi ces paroles de vérité : *vous périrez, vous qui courez à la fortune, et qui cherchez (3) un bonheur à part de celui du peuple.* Mais ces paroles se rapportent plus à la cause générale encore qu'aux individus en particulier ; vous périrez, c'est-à-dire la patrie par vous, et vous

---

(1) Je déclare que ne voulant point irriter les diverses passions, je nommerai le moins possible ; mais je rappellerai des erreurs et des vérités sans en désigner les auteurs.

(2) *Ibid.*

(3) *Ibid.*

serez entraînés dans sa tombe ; oui , si vous traitez le peuple, de manière qu'il se demande : quel changement, quel bonheur la révolution a-t-elle apporté dans mon existence ? que me revient-il de mes maux, de mes souffrances , de mon dévouement, du sang répandu de mes proches, de mes enfans ? Si , à un tel interrogatoire, la fin du monologue ne présente à la majorité que des idées de disproportions nouvelles, l'ignorance et la nudité pour elle; si le peuple voit que c'est l'intrigant seul qui a dit à quelques puissans : *je vous auderai's par la massue du peuple, pour siéger à votre place ;* si de ces mots ; *révolution , gouvernement , ordre public, liberté , constitution , égalité de droits politiques* , le peuple ne retiro qu'abaissement et misère ; si, au lieu de ces belles institutions, qui furent toujours l'espoir de la révolution , son but et son devoir, le peuple ne voit que la cupidité et l'agiotage généralement répandus et organisés; ah ! n'en doutez pas; vous verrez réaliser ces tristes présages, dont je vous offrois tout-à-l'heure la douloureuse perspective, et dans laquelle l'intention pure et la conscience dévouée ne trouveroient plus même le moindre espoir de justice et d'impartialité.

Quand on entreprend le bouleversement d'un empire très-peuplé et éclairé seulement comme l'est la France , et qu'on a d'abord gravé ce mot sublime sur ses enseignes : *bonheur du peuple,* il faut tenir parole ; car le peuple juste est toujours là pour juger. Son jugement appartient non à quelques combinaisons particulières, mais à ce tout en masse, qui tient au sublime, qui repose sur la justesse et la droiture. Les effets s'en manifestent spontanément, comme les crises de la nature, comme les volcans qui firent disparoître l'Atlentide, ou qui culbutèrent la Calabre. La patience du peuple a un terme, qu'il n'est pas donné de prolonger ou de raccourcir. Les révolutions appartiennent à la grande cause ; elles sont les effets des malheurs de la masse. Il est des périodes marqués où elles éclatent. Souvent de grands caractères ne purent allumer que des révoltes, malgré tout leur génie ; c'est que le moment leur appartenoit seul, et non aux peuples. Les jours des peuples sont dans la force des choses ; ceux des hommes ne sont qu'accessoires ; ce sont des épisodes, que quelques ames, plus ou moins grandes, rendent ou sublimes ou médiocres ; mais le peuple en masse est toujours *nature*, c'est-à-dire, admirable et senti dans ses effets, occulte et incompréhensible dans l'origine et la persévérance de son instinct et de sa gloire. Il m'est démontré, que l'époque où nous sommes est celle où le nivellement le plus étonnant, en faveur de l'espèce humaine, doit s'opérer. Je ne suis pas le seul qui pense de même ; déjà plusieurs hommes, qui ont osé penser ainsi, sont descendus dans la tombe, pour l'avoir dit trop clairement à quelques-uns et pas assez à tous. Leur sort peut en atteindre d'autres encore ; qu'est-ce que cela prouve ? qu'il est des méchants, des hommes pervers, de coupables égoïstes ; que le crime souvent jugule la vertu.

Eh ! mais, qui en doute? De plus, le mouvement général, en faveur de l'égalité, peut s'arrêter un moment, il est vrai; mais il ne s'en poursuit pas moins par suite; et je ne vois pas que des catastrophes particulières retardent la marche des ames. Ce fut toujours la persécution qui fit les martyrs. Peut-on l'être d'une plus belle cause ?.

Depuis les premières réflexions que je publiai à ce sujet, j'ai lu l'ouvrage posthume de Condorcet, son testament politique, et je me suis senti orgueilleux d'avoir pensé comme ce philosophe sur le but et la fin de la révolution. J'ai regardé le témoignage de cet homme, d'autant plus précieux pour la cause de l'humanité, que c'est dans le malheur qu'il l'a donné ; ce n'étoit pas entouré de l'inviolabilité, qu'il proclamoit ces vérités. Il étoit poursuivi, au contraire, par l'opinion publique, pour quelques opinions moins en faveur de la révolution. Enfin, ce n'étoit plus l'homme qui écrivoit, c'étoit l'ame qui, résolue de se soustraire, par la mort, à la persécution ? vouloit laisser à la postérité et à son siècle l'expression toute entière d'une conscience pure et toute la pensée d'un long recueillement, éclairé par les connoissances les plus étendues, et soumis aux règles abstraites des calculs exacts. C'est alors qu'il faut écrire ; c'est là qu'il faut étudier ; les passions se taisent; on appartient tout entier à la vertu, à la vérité. L'ame s'étonne, pour ainsi dire, de sa propre grandeur.

Condorcet, il est vrai, et ceux qui penseront comme lui, pourront être traités de fous, comme nous l'avons vu récemment, Mably, Rousseau, Helvétius, Diderot par des plumes vénales.

Le but du mouvement révolutionnaire n'en sera pas moins celui qu'il a décrit, que nous avons senti.

Ces sentimens sont aussi ceux de tous les vrais républicains, qu'un tact naturel conduit et maintient dans le vrai sentier de la révolution.

Ils sont ceux sur-tout des républicains observateurs et calculateurs. Ils ont pesé les choses, et les ont trouvées d'un grand poids. Ils ont mis dans la même balance les personnes ; ils ont donné la préférence aux choses. Plus ils sont convaincus de la vérité de ces choses, plus ils s'affectent douloureusement, plus ils s'aigrissent de ce que l'on prend absolument le chemin de les dénaturer, de les avilir, et plus ils sentent impérieusement la voix de l'humanité et du devoir, qui leur commande impérieusement de prévenir un si déplorable malheur.

Qu'espérez-vous donc encore, vous qui manquant de force mais non pas de puissance, semblez foiblir sous le vieil homme, et craindre la vertu du nouveau ? Les déchiremens que l'on avoit prédits, ne sont-ils pas que trop tôt arrivés ? Attendez-vous, espérez-vous de plus horribles maux ? N'est-ce qu'à travers de plus terribles convulsions que vous reprendrez le véritable chemin de la révolution ? Faudra-t-il que l'exemple des Romains parle envain à notre réflexion ? Vous y voyez l'esprit de l'aristocratie sans cesse aux prises avec celui de la démocratie ; de cette lutte funeste sortir le despotisme ; le despotisme engendrer et faire naître le luxe, la corruption ; et cette république long-tems redoutable, tomber en dissolution par ces éternels principes destructifs des corps politiques. Voulez-vous voir le peuple déchiré par le peuple, dans des ruisseaux de sang noyer les opinions ?

Vous voyez autour de vous s'agiter le royalisme et la démocratie. L'aristocratie constitutionnelle, opposant sans cesse l'un à l'autre croit consolider sa propre puissance : on vous le dit, il est vrai ; vous le pensez peut-être. Erreur funeste à la patrie et à vous. Vous pouvez cependant encore choisir avec honneur, entre la patrie et ses ennemis éternels.

On ne parloit dans Syracuse, que de deux grandes conspirations ; celle de la philosophie contre le trône, et celle de toutes les passions contre la philosophie.

Il n'est jamais trop tard pour faire le bien. C'est une victoire sublime que fuir de l'intérêt dans les bras de la vertu. Choisissez, serez-vous les athlètes de la philosophie, ou les esclaves des passions ?

CHAPITRE II.

Des vices que trouvent les Républicains dans le gouvernement actuel.

Le mot gouvernement emporte avec lui deux idées très-distinctes.

1°. La forme des choses par lesquelles les hommes sont gouvernés.

2°. Les hommes qui font mouvoir ces choses.

C'est sous ces deux acceptions que nous allons parler des vices du gouvernement.

Si un gouvernement annulle en même-tems dans les mains de l'autorité, avec l'appareil de la puissance, le moyen d'avilir le peuple, celui de gagner son affection par des fêtes publiques, par l'encouragement qu'il semble accorder aux lettres, aux beaux arts, aux talens agréables; s'il permet au luxe de flatter l'avarice en corrompant le peuple par la voie du commerce; il donne et entraîne avec lui une fausse idée de la liberté.

Si, à la possibilité de se faire des créatures, il ajoute dans les mêmes mains, le droit de remplir les tribunaux de juges dévoués ou acquis, de soustraire au glaive de la loi des agens du pouvoir; si, écartant à volonté les hommes énergiques et vertueux, il permet d'encourager l'esprit de servitude, d'éteindre l'amour de la gloire; s'il laisse la faculté, par de sourdes menées, en multipliant les agens, de diviser la nation, d'opposer l'un à l'autre les divers intérêts; s'il permet d'épuiser le zèle du peuple sur de faux objets, de tromper sa conscience par de faux écrits, indécens et satyriques, par des dénonciations fallacieuses envers les hommes de bien; il réunira tous les moyens de fatiguer le peuple de sa liberté.

Si, donnant les moyens de tromper le peuple, il lui laisse dissimuler les crimes nationaux; s'il renferme aussi les moyens d'étouffer la clameur publique,

publique, d'empêcher le redressement des griéfs publics ; s'il néglige l'instruction qui ouvre les yeux ; n'insinue, n'inocule-t-il pas une modération funeste au peuple ?

– Si, sous le prétexte de la liberté des cultes, il laisse subsister d'anciennes superstitions, essentiellement intolérantes et subvertives de la liberté politique et du droit naturel ; n'allume-t-il pas les guerres de religion, les torches du fanatisme ?

Si, par des moyens de fourbe, il renferme la faculté de faire sortir du corps législatif de courageux mandataires ; s'il laisse celle d'en corrompre d'autres par des graces, par des faveurs, par de l'argent donné sous de spécieux prétextes ; il rend vaine la résistance de cette représentation nationale contre les entreprises de ceux qui les gouvernent.

Si, sous le prétexte de la tranquillité publique, il laisse les moyens de fermer à volonté les réunions et assemblées des citoyens, où ces derniers s'éclairent réciproquement de leurs droits et leurs devoirs ; si, sous le même prétexte, il peut s'entourer de soldats, s'assurer de l'armée, soustraire le militaire au pouvoir civil, faire insulter le citoyen par le militaire, provoquer la guerre civile et la guerre étrangère ; quelles armes contre la liberté ! ! !

Si, avec tout cela, il laisse encore à ces mêmes mains le droit de miner le peuple en le flattant ; il fait naître la sottise, les préjugés stupides, la ridicule vanité ; alors il n'y a qu'un pas à faire pour ceux qui gouvernent, ils peuvent usurper le pouvoir suprême. Aux coups

C

d'états, aux mesures violentes se joindra l'éti-
-quette, le cérémonial. C'est ainsi que se forgent
les fers des peuples, le despotisme s'établit et
rive ces fers par la crainte qu'il inspire des
bastilles et des supplices.

Nous croyons, sans craindre de passer pour
un désorganisateur, pouvoir assurer que la
constitution donne au pouvoir exécutif toutes
les armes dangereuses à la liberté, dont nous
venons de dresser l'inventaire. Nous pensons
qu'en de perfides mains elle seroit *un très-
bon état de passage* pour amener un peuple,
de la liberté qu'il a su conquérir, à la royauté,
qui, pour rendre ce retour plus certain et plus
durable, veut le dégoûter avant de cette liberté ; qu'enfin, cette constitution peut être un
gouvernement révolutionnaire en sens inverse,
s'il se trouvoit remis en de perfides mains.

Aussi nous ne partageons pas la joie de
M. Dupont de Nemours. Nous ne nous féli-
citerons pas de ce qu'on trouve *à satiété*,
dans cette constitution ; toutes les ressources
innocentes de la royauté. Nous ne sommes pas
constitutionnels (1) par principes ; nous croyons
savoir ce que c'est cependant que république
et royauté. Nous croyons que l'innocent vœu
de M. Dupont est réalisé, et que le peuple
français sait ce que c'est que la liberté, et

____

(1) On sait que quand ces messieurs parlent des *constitutionnels* en lettres italiques, c'est ceux de 91 qu'ils en-
tendent par excellence. Nous invitons tous les amis de la
République à lire avec attention le N°. 158 du Journal,
appellé l'Historien, article analyse de l'ouvrage de B.
Constant.

nous le jugeons très-capable d'arriver au bonheur. Nous avons parlé des vices du Gouvernement (1) dans l'acception de la chose, et nous nous fixons avec d'autant plus de douleur dans notre opinion à cet égard, que nous en avons apporté pour garantie l'espoir et la joie féroce que son organisation cause aux royalistes constitutionnels. Ils sentent parfaitement qu'une fois le peuple dégoûté de la République, il n'y a qu'un pas à faire pour le remettre sous le joug royal.

Il nous reste à parler maintenant de ceux qui gouvernent ; ce sera très-laconiquement ; on pourroit nous soupçonner de vengeance (2), et ce sentiment est loin de nous.

Le directoire se sert trop de la puissance que lui donne la constitution. Sa marche réjouit les *honnêtes gens*, afflige les républicains. Les premiers le flattent pour l'étouffer (3). Les se-

____

(1) Ce n'est pas d'aujourd'hui que les vices de cette constitution m'ont frappés. J'en parlois avec franchise lors de sa présentation au Peuple Français. (Voyez le vote motivé de F. Lepeletier sur la Constitution de 1795, chez Vatar). Mais je sentis la nécessité de l'accepter ; il est vrai, que je pensois alors qu'un des premiers devoirs du gouvernement eût été de laisser, par la plus ample étendue de l'opinion, soit dans les sociétés, soit dans les écrits, préparer une revision nécessaire.

(2) On se rappelle, sans doute, qu'outre les Journaux chouans, tels que Poncelin, le Messager du Soir, la Feuille du Jour, qui m'ont calomniés, et qu'on soupçonne être les enfans perdus du gouvernement, la Sentinelle, l'Ami des Loix, le Censeur des Journaux qui, à cette époque, encore étoient soldés par le gouvernement, et par conséquent ses agens m'ont traité de même.

(3) Voyez, le 13 vendémiaire, le N°. 158 de l'Historien, et tous les Journaux chouans.

conds le gourmandent, le menacent pour sauver avec eux la patrie ; et ils la sauvent toujours (1).

Ils savent que , contre les moyens qu'ont en main les gouvernans , il peut exister une garantie ; c'est la conscience de ces mêmes hommes ; mais cela suffit-il ? Si on ne peut le regarder comme suffisant en principes ; si déjà et toujours on en a senti la défectuosité en pratique , peut-on être assez rassuré par ce seul fait ? est-il donné de n'être pas inquiet, quand on a pour soi une expérience longue et fatale ?

Nous terminerons ce chapitre , en invitant le Directoire, à se rappeller sans cesse quels violens reproches il auroit à se faire, si, par son fait , le peuple français étoit amené à prendre en haine la révolution, et si on voyoit se réaliser le douloureux tableau que nous avons tracé au commencement de cet écrit. Nous l'inviterons à ne pas perdre de vue ,-qu'il fait partie de ces hommes qui envoyèrent le tyran sur l'échafaud, que ce sont ceux-là surtout que , directement ou indirectement, on assassine, on divise , on poursuit depuis le 20 janvier, et que c'est sur leur perte promise et attendue, que les rois calculent leurs projets ultérieurs à l'égard de la France.

____

(1) Voyez les écrits anonymes , les Journaux Patriotes, et la conduite des exclusifs le 13 vendémiaire.

CHAPITRE III.

De la conception du Gouvernement révolutionnaire de 1793, de son but, de ses effets.

Ce qui a fait en France le plus grand mal, le mal le plus difficile à réparer, a été précisément l'impatience de faire le bien. Ainsi s'exprime Benjamin Constant (1) dans l'ouvrage qu'il vient de publier sur le Gouvernement actuel.

Outre que cette opinion plaît à mes sentimens, à mon amour pour la révolution, elle a de plus à mes yeux le prix d'être très-exacte ; mais sur-tout j'aime à voir un étranger s'exprimer ainsi de loin sur notre compte. Notre tableau, aux yeux de l'Europe, n'est donc pas si hideux dans son ensemble, qu'on cherche toujours ici à le faire croire. Dès l'instant que l'on estime l'intention, on est bien près

---

(1) J'ai lu l'ouvrage de B. Constant avec un grand intérêt, cependant je dois dire que quand on sent comme on entrevoit qu'il sent, on doit parler plus hautement. Il rachète, en quelque sorte, ses momens d'énergie par des actes de componction, comme si c'étoit un crime. Mais j'aime à l'entendre dire au Directoire : *Vous êtes assez forts pour n'avoir pas besoin de dresser des embuscades.... et ajouter plus bas : Qui raisonne peut être convaincu; qui sent, adouci; qui tremble, rassuré.* On voit qu'il asseoit la science de gouverner sur la connoissance du cœur humain, et qu'il suit les passions.

de justifier les actes qui en émanent, sur-tout, lorsqu'ils appartiennent aux tourbillons orageux des révolutions.

La réflexion de Benjamin Constant est très-exacte. L'idée qui fit concevoir le Gouvernement révolutionnaire étoit bonne, étoit naturelle. On avoit senti que, quand l'esprit de révolution s'étoit emparé d'un grand peuple, ce n'est pas une chose aisée que de l'arrêter à volonté. Dans cette situation, les peuples poussent toujours les gouvernemens, parce que la masse est toujours plus hardie, plus entreprenante que quelques hommes.

Il n'y avoit qu'une manière de rendre le peuple stationnaire, c'étoit que le Gouvernement devînt et parût plus révolutionnaire que lui; de sorte que l'esprit révolutionnaire de la masse s'arrêta d'étonnement devant l'esprit et les actes plus révolutionnaires du Gouvernement. Voyez-vous dans la carrière ce vigoureux coursier qui, impatient du frein, emporte d'abord à travers les plaines son conducteur étonné ? Mais cet écuyer habile, loin d'arrêter envain cet animal fougueux, baisse la main, pique des deux, enfonce son éperon dans le flanc de l'indocile animal ; celui-ci, surpris de sentir une volonté plus forte que son emportement, veut l'effrayer encore par de nouveaux efforts ; mais bientôt vaincu par la surprise et la persévérance d'une volonté plus constante, et au-dessus de ses forces, il s'arrête étonné et fatigué, il redevient facile à mener, à conduire ; c'est alors que l'écuyer habile ne lui demande que ce qui est utile, et le fixe dans les allures qu'il doit conserver. Ce cheval indomptable est devenu un coursier docile.

'Telles étoient, réduites en comparaison, les idées qui firent concevoir le gouvernement révolutionnaire. Voyons maintenant quel fut le but de ce Gouvernement.

Le Gouvernement révolutionnaire de 93 eut pour but de régénérer la France, de donner à ses habitans les mœurs, le dévouement, le caractère des Républiques. Il devoit être l'état de passage des mœurs d'un peuple rouillé, gangréné dans les vices de la royauté, aux mœurs d'un peuple libre ; ce fut un moule, et spontanément toute la population ancienne y fut jettée.

On avoit senti que, si l'instruction publique étoit plus que suffisante pour la génération qui s'élevoit, elle ne l'étoit pas assez pour celle qui avoit fait ou va faire la révolution ; car, comment redresser les vices invétérés : l'égoïsme, la corruption, l'aristocratie ? Quel espoir d'arracher à eux-mêmes, c'est-à-dire, à toutes leurs imperfections, des hommes déjà avancés en âge, et s'abandonnant plutôt au vieil homme, que jaloux de ressembler au nouveau ?

Quel moyen fallut-il employer, pour jetter dans ce moule nécessaire la population ancienne ? La force. Il falloit la dictature du bien. Passons à ces effets.

Quelle chose fut faite alors, qui n'eut le produit sacré, moral, d'établir la fraternité parmi les hommes, de les convaincre des charmes puissans de l'égalité, de la justice, de la vérité ?

Quelle impulsion fut jamais donnée à la masse

de vingt-cinq millions d'hommes, dont l'effet fut plus caractéristique, plus évident, plus reconnu? Ce fut l'écho de la vertu; il fut répété par toute la France.

Tous les hommes volèrent, sans distinction de fortunes, de talens, à la défense de la patrie. L'âge décida seul. Le Gouvernement révolutionnaire de 93 créa la réquisition des jeunes gens; elle fut exécutée; chacun partit. *La victoire en chantant leur ouvroit la barrière.* Des pères vinrent demander le supplice de leurs enfans rebelles; tant il est vrai qu'alors la foiblesse n'entroit pas dans les ames. Rome admira le premier des Brutus et ce Manlius, tous deux pères, prononçant entre la patrie et la nature; la France en contempla des milliers.

Pendant que les enfans des Français repoussoient les tyrans, leurs pères fabriquoient tous également le salpêtre. Les arts de luxe n'existoient plus; les forges, les arsenaux, les atteliers publics renfermoient également et le noir forgeron et le bijoutier habile. Ainsi, sous le rapport de la défense de l'Etat, chacun retrouvoit et donnoit l'exemple de l'égalité.

Salante n'étoit plus qu'une place de guerre, dont la sagesse étoit l'ame.

Les besoins du luxe particulier n'étoit pas le but du commerce. Ils n'étoient plus ces tems de spéculations vicieuses. Tout ce qui juroit avec les institutions républicaines cessoit d'être cru innocent; tout devoit se rapporter à l'égalité, à la cause publique, et tout s'y rapportoit; chacun lisoit facilement son devoir, et s'en écartoit peu.

La

La monnoie nationale étoit respectée, et généralement reçue. La cupidité et l'avarice même
n'osoient plus creuser leurs trésors. L'or et
l'argent étoient déposés à l'envie sur l'autel de
la patrie. Ainsi, la monnoie du riche ne dépré-
cioit pas celle du pauvre ; leurs moyens étoient
les mêmes ; c'étoit encore un hommage rendu à
l'égalité.

La France cernée, assiégée par l'Europe égarée, devoit ainsi qu'une cité, éprouver les
besoins et la disette. Dans ce moment de
siége, on sentit que les maux, pour être plus
supportables, devoient être également partagés.
De ce sentiment naquirent les réquisitions et les
distributions. Qui les a décriés ? ceux qui peuvent et veulent toujours vivre dans l'abon-
dance, et s'isoler de l'infortune ; mais le plus
grand nombre les approuva, et échappa alors à
la famine.

D'un malheur général, des peines partagées,
est-il permis de se plaindre ? La résignation,
le courage, la fermeté devinrent nationales.

Parcimonieux avec sagesse, le Gouvernement
alors ne prodiguoit pas des milliards, pour culbuter l'assignat ; il en maintenoit le crédit ; il
en faisoit tourner l'avantage au profit de la
chose publique, au triomphe de la liberté. Par-
tageant les travaux à l'indigence laborieuse, il
ne faisoit pas la fortune d'une ou plusieurs
compagnies ; il n'élevoit pas des inégalités ; il
reversoit également dans toutes les veines de
l'Etat, la substance qu'il tiroit du corps. Tout se
faisoit avec l'Etat, et pour l'Etat. On ne faisoit pas
ces marchés désatreux avec l'étranger, dont le

résultat est de soutirer la fortune de la France, et d'achever de faire passer dans l'Europe le reste du numéraire de la république.

Tout se rapportoit à l'établissement de l'Egalité ; on vit alors, comme à Thèbes autrefois, des Epaminondas devenir commissaires de quartier ; comme à Rome, des Cincinnatus retourner à la charrue ; comme à Syracuse, on vit du tems de Timoléon, la liberté des opinions débattue sur les places publiques ; on vit, comme à Sparte, les défenseurs de la patrie refuser l'existence, choisir la mort, plutôt que de blasphêmer contre la liberté ; comme à Athènes, des Socrates boire injustement la ciguë, et ne bénir encore que la partie égarée qui leur présenta la coupe amère ; on vit les sociétés populaires réunir, ainsi que les banquets civiques, les riches et les pauvres.

Une portion nombreuse d'hommes existoit, que tout pouvoit rendre suspecte, qui avoit tout fait pour le paroître ; la loi du salut du peuple pouvoit prononcer sur son entier anéantissement ; la massue étoit levée ; un exil peu rigoureux loin du centre du Gouvernement fut la seule mesure prise contre les ci-devant nobles et les étrangers. Encore la Patrie tendit-elle les mains, et appelloit-elle à la servir ceux qu'elle croyoit ses sincères amis. Les torts étoient personnels.

O tems de gloire ! O sublime assemblage et d'étonnation, de toutes les vertus grandes et fortes, vous fûtes nommé *terreur* ; et ce mot vous a flétri, et le Français ose à peine reporter sa pensée sur ce que l'Europe admire, sur ce dont l'histoire du monde n'offre que d'imparfaits exemples. On oublie les choses ; on ne veut voir que le mot. La gloire n'est plus ; l'État se dissout et tend à la guerre civile ; un mot a tout fait ; on oublie le tems où il fut prononcé. Toulon étoit aux Anglais ; Valenciennes, Condé, le Quesnoy à l'Autriche, à la Prusse ; Dunkerque assiégé, Lyon révolté, Bordeaux chancelant, la Vendée en irruption ; ce volcan sembloit menacer de sa lave brûlante toute la République ; alors seulement, alors on parla de terreur. La victoire reconquert nos places fortes ; les rebelles vaincus rentrent dans le devoir ; ce qui chanceloit se raffermit, le Rhin voit les Français victorieux sur ses bords ; l'Italie son territoire occupé ; l'Espagne franchir ses monts orgueilleux, et envahir ses contrées ; voilà quels furent la conception, le but du Gouvernement révolutionnaire ; tels furent aussi ses effets, non pas tous. La partie douloureuse du tableau appartient aux hommes qui tenoient les rênes du char révolutionnaire ; ils y arrivèrent avec des passions irritantes, irritées par les malheurs publics et des causes personnelles. Forts d'un immense pouvoir, ils vengèrent la patrie ; mais ils devoient s'en tenir là. Que pourrois-je dire là-dessus à ceux qui ont souffert de ces passions ? Le souvenir de leurs malheurs ne se présente déjà que trop souvent à leurs pensées.

Cependant, ce n'est pas par des actes nouveaux de vengeance, que l'on guérit les plaies sensibles faites aux sentimens, aux intérêts. Ce genre de satisfaction appelle de nouveaux malheurs ; et les générations, au lieu de se éguer de bonnes institutions, ne testent qu'en faveur de cette homicide vengeance. Leurs legs sont alors la haine, la guerre civile et l'ignorance.

En dernière analyse, la création du gouvernement révolutionnaire fut un acte bien prononcé de l'envie de terminer la révolution. Les écarts dans lesquels on le fit tomber, ont entraîné de pires écarts ; encore les premiers attaquoient mal adroitement et cruellement une partie de la population ; mais ceux qui ont suivi depuis thermidor sont pis encore, ils ont porté sur les principes, et par conséquent sur la moralité du peuple français. Avant le 9 thermidor, on reprochoit à ce peuple d'être barbare. Maintenant on lui reproche d'être corrompu par l'agiotage, la soif des richesses, le négociantisme. On laisse à décider lequel de ces deux peuples est le plus près d'une constitution assise sur la vertu et la liberté.

CHAPITRE IV.

D'une manière plus lente de terminer la révolution, et de fonder un gouvernement vraiment républicain.

DANS les chapitres précédens nous avons parlé de ce qui s'est fait, de ce qui en est résulté ; de ce qui se fait, de ce qui doit en résulter ; combien il seroit douloureux pour les uns, criminel aux autres et propice au

royalisme, de voir le peuple français prendre
en haine la révolution (1).

J'ai fait sentir combien les amis de la révolution s'affectent et s'aigrissent de ce qu'ils
voient (2).

Il me reste maintenant à parler des moyens
d'amener sans crises, sans convulsions la révolution républicaine au but que nous lui avons
senti, et cela par les moyens même du moment,
en conciliant pour ainsi dire la modération qui
se borne à raisonner, avec l'énergie qui entreprend et veut voir exécuter. Jusqu'à ce moment
on a cru avoir beaucoup fait et tout fait, lorsque l'on avoit présenté une constitution et que
le peuple l'avoit acceptée. On a ressemblé assez
à celui qui croiroit que parce qu'il apporte un
habit tout fait à un autre, et que cet autre l'a
sur son corps, que cet habit lui va bien.

J'entends bien des gens s'emparer de cette
comparaison, et s'écrier que nul habit républicain ne peut convenir au peuple français.

Un moment, malheureux, retenez vos blas-
phêmes. Si on peut d'avance former cet homme
de la manière la plus favorable pour son individu
et son vêtement ; que direz-vous ? Voilà où on
peut en venir.

---

(1) Rien ne dégoûte plus le peuple que ces querelles de
parti, qui, quoique fondées sur de simples nuances d'opinion, n'en tracent pas moins toujours des lignes sanglantes
de démarcation. Des actes de vengeance ne ressuscitent pas
les morts, et alimentent les haines.

(2) On a vu à Paris se promener des chefs des chouans,
des émigrés rentrés en foule, des contumaces de vendémiaire, et on trouve les Républicains dans les fers.

Oui, je pense, qu'avant de donner à un peuple le gouvernement le plus parfait, il faut le former lui-même. Tel Pygmalion, sculpteur habile, conçoit un chef-d'œuvre, et son génie parvient à donner une ame et des formes à un bloc incorrect.

Ce que l'on auroit dû commencer par faire, ce que l'on a essayé sous le gouvernement révolutionnaire, mais par des moyens trop violens, ce que l'on doit faire à l'instant, sans cesse, ni interruption, avec courage, force, sagesse; c'est de régénérer le peuple français, en lui donnant les mœurs, les institutions d'un peuple républicain; sans cela le peuple français sera toujours l'homme de la monarchie et le gouvernement un masque qui tomberoit tôt ou tard.

Nous avons déjà dit dans le courant de cet écrit, que l'on avoit senti que l'éducation publique suffiroit pour porter la régénération dans sa population post-révolutionnaire; mais nous devons ajouter que, malgré cette conviction générale, l'instruction publique n'est point encore organisée. Nous citerons avec peine que tout ce que la constitution actuelle a fait pour elle, est d'avoir accordé un logement gratuit à l'homme qui se dévoue à l'enseignement. Nous ajouterons que les lois qui subsistent à cet égard, sont non-seulement insuffisantes, mais encore impratiquées et de nul effet. On a établi, il est vrai, une académie, sous le nom d'institut national, mais c'est organiser tout de suite le luxe de l'instruction, avant d'avoir songé à en satisfaire les premiers besoins.

Il n'est qu'une seule manière d'envisager l'instruction sous le rapport d'un grand effet. Elle deviendroit alors le plus puissant levier, le moteur des grands hommes et des grandes choses ; c'est lorsqu'elle sera égale, commune et forcée.

C'est sous ce point de vue que je le présente comme l'un des moyens les plus sûrs, pour former un peuple digne de la liberté, qui soit apt à la république. Je la présente elle à-peu-près que l'avoit conçu, *Michel Lepeletier*, dans cet ouvrage posthume de lui que je présentai (1) à la convention nationale en même-tems que le buste de ce glorieux martyr.

Lorsque tous les citoyens seront élevés, ensemble également, il en résultera unité dans les connoissances de première nécessité qui leur seront distribuées. Il en sortira un tout qui sera national. Bien que les esprits dans la présomption des choses, n'agissent pas également, il n'en est pas moins vrai qu'il en résulteroit une teinte presque générale de lumières, assez forte pour

---

(1) Quand je n'aurois jamais rien fait en faveur de la Révolution, en faveur de mon pays, que de publier cet ouvrage, qu'il m'étoit permis d'anéantir, je me présenterois avec confiance et assurance devant le juri des Hommes Libres, malgré toutes imputations de royalisme amoncelées par la calomnie. Lisez ce plan d'instruction publique, vous qui ne le connoissez pas, relisez-le souvent, vous qui le connoissez. Courtois, vous avez commis une méprise que je veux croire involontaire. Le vertueux *Maure* a pu dire ce que vous rapportez, mais il m'eût moins aimé si j'eusse été celui dont il parloit: Nous étions cinq frères. Les mânes de Michel Lepeletier vous pardonnent. Ils croient à votre erreur.

se perpétuer, ne s'effacer jamais et diriger sûrement l'esprit public dans ses diverses fonc-
tions.

L'éducation publique, commune, égale et forcée, est donc l'un des grands moyens que nous
indiquons comme fesant partie de ceux que le
moment offre au gouvernement, pour consolider le républicanisme, en jetter dans les
cœurs, dans les ames et dans les esprits de profondes racines.

Que l'on calcule les effets qui en seroient déjà
résultés, si l'on eût eu le courage de l'établir
dès le commencement de la révolution, depuis
sept années ! ! ! ! ! L'ami de la révolution ne
peut s'arrêter à cette pensée sans verser de douloureuses larmes.

Il est de ces choses qui portent avec elles un
tel caractère de conviction, qu'elles convain-
quent tout le monde dès la première fois qu'elles
sont proférées. Pourquoi donc ne les exécute-
t-on pas? On les redit ; même conviction, pas
plus d'effets. Enfin, il vient un tems où l'on ose
à peine les rappeller ; on craint d'être taxé de
radotage. On est réduit presque à rougir d'être
l'écho de la Vérité. Cependant il n'est pas permis de capituler avec les principes, plus qu'a-
vec sa consience ; on doit redire courageuse-
ment que sans éducation publique, il n'est point
de peuples libres, et que celle-ci, n'est réelle
que lorsqu'elle est commune, égale et forcée.

Mais ce moyen ne porte que sur la population qui s'élève, et lui appartient seul. Ceux qu'il
me reste à proposer, frappent et agissent sur la
population qui a fait, ou vu faire la révolution,

ils

ils régénèrent ces hommes, et se perpétuent pour les générations futures, se prolongent dans elles.

Ces moyens sont des lois organiques sur l'agriculture, le commerce et les arts. Dites-moi, comment il n'est jamais venu dans la tête d'un mandataire du peuple, de porter la parole sur ce triple édifice de nos mœurs ; édifice royalement constitué, inébranlable jusqu'à cette époque, qu'on peut appeller la queue du monstre *royalisme*, et par conséquent, pour me servir d'une expression vulgaire, la partie du monstre la plus difficile à écorcher.

Le commerce, l'agriculture et les arts tels qu'ils existent, furent un triple rempart élevé autour de la monarchie et en sa faveur. Il protégeoit l'égoïsme, il dût plaire aux hommes d'une monarchie. Il jetta de profondes bases en faveur de l'institution fallacieuse qui avoit su le combiner. Ce sont ces fondemens plus profonds que ceux de la république, qui minent l'édifice républicain élevé à la hâte, et qui, pour ainsi dire, élevé en l'air, éprouve toutes les intempéries et les vicissitudes de cet élément.

Enlevez donc à l'égoïsme ce triple refuge du commerce, de l'agriculture et des arts. Dénaturez-le du royalisme ; organisez-le républicainement ; qu'il soit combiné sur l'intérêt général, et vous verrez alors s'enraciner la république, la liberté, l'égalité, les mœurs. Alors vous cesserez de voir le rire sardonique s'échapper de certaines lèvres, on croira sans retour à la révolution et à son but.

Tels sont, en principe, les moyens que j'indique, pour terminer la révolution, fonder la

République d'une manière stable, moyens également éloignés des tourmentes révolutionnaires et d'un modérantisme perfide.

Que le Directoire qui, par la constitution actuelle, est chargé spécialement de provoquer les mesures de salut public, de les susciter et de les indiquer aux deux conseils, appelle leur attention, leur sollicitude sur cet objet de première importance ; alors, des premiers, nous donnerons quelques idées majeures sur le travail à faire dans cette partie importante et sublime. Nous prouverons que l'on peut répandre sur la France le coup-d'œil de l'égalité, non sous le rapport de la misère, mais sous celui de l'aisance générale, de telle manière que la presque totalité des citoyens préférera son nouveau sort à l'ancien, même celui qui se trouveroit dans les rangs de l'opulence; car il chérira, par calcul et réflexion seulement, l'état de l'aisance générale, et le préférera à celui où, d'un moment à l'autre, l'aigreur populaire peut le culbuter du faîte d'une prospérité excessive dans l'abyme de la mort.

Ce que la révolution a fait sentir à tous, c'est que le bonheur n'est ni dans les honneurs, ni dans les richesses, mais dans une existence aisée ; à l'abri de l'inquiétude, de la famine et des vicissitudes de la fortune.

Lorsque l'on aura refondu les hommes de la monarchie et ses institutions par les procédés que nous venons de développer, alors on pourra, sans nulle crainte, fonder un gouvernement juste, sage et impartial, et qui présentera l'espoir d'être définitif.

Contre l'inconstance des peuples , leur amour pour le changement, la garantie des gouvernemens justes, sages et impartiaux, est l'instruction qu'ils ont donnés également à tous ; c'est ce qui les préserve et les maintient plus sûrement que toutes les lois martiales. L'homme instruit sur ses vrais intérêts ne devient point l'instrument aveugle de factions dangereuses pour le bien public ; s'il peut tramer contre l'autorité, ce n'est jamais que lorsqu'elle conspire contre le bien public, il conjure alors en faveur du bien ; et, si Néron l'emporte un moment, Lucain n'en est pas moins estimable, malgré qu'il précède le tyran dans la tombe.

Pourquoi aussi l'homme juste, humain et philosophe, lorsqu'il conjure pour son pays, est-il souvent réduit et jugé peut-être à paroître le contraire de ce qu'il est. C'est précisément parce que le peuple, pour qui il travaille, n'est pas instruit. Cet homme ne peut alors opérer par le moyen raisonnable. Il faut souvent que, pour faire le bien, il remue toutes les passions viles, que ces moyens deviennent une partie de ses armes. Situation douloureuse ! mais il a pour rasseoir sa conscience intime ce sentiment, que ce sont les belles institutions qui réparent les torts de la victoire, et qu'il est permis de vaincre, à tel prix que ce soit, quand le but du combat est le bonheur de ses semblables.

Mais si l'instruction générale est la garantie immuable du gouvernement le plus juste, elle est par cela même l'arme la plus offensive contre les gouvernemens partiaux et injustes. Il est constant qu'il n'y a que l'équité qui puisse espérer tenir contre, ou pour mieux dire, marcher de front avec elle. Il est facile de conclure, d'après cela, ce qu'est un gouvernement qui néglige l'instruction publique, qui l'écarte même; qu'on me pardonne ce mot s'il s'applique. Je n'accuse pas, mais quand on parle aux hommes, il le faut faire avec force, ou l'on ne produit rien.

Lorsqu'on veut les arracher à l'intérêt personnel, il faut les placer près de la honte; a-t-il rougi, en lisant ces mots, cet homme qui tient en main l'autorité publique? il va mériter de ses semblables, il est susceptible de remords; il est apt à la vertu.

J'ai dit que l'instruction publique étoit la plus puissante garantie des gouvernemens justes et impartiaux. Il faut définir ce que c'est qu'un gouvernement juste et impartial.

Remontons à la primitive source. La nature avoit gravé dans le cœur de l'homme ce principe inhérent à l'espèce qui se perd dans son origine: *Ne fais pas à autrui ce que tu ne voudrois pas qu'il te fît.* Ce fut, sans nul doute, l'un des premiers sentimens que produisirent les maux attachés à l'existence; il paroît qu'il fut long-tems la seule législation, et continuellement encore les passions durent-elles la franchir, la fouler aux pieds.

Tous les philosophes sont tombés d'accord que ce fut même de la violation, du mépris de ce principe, que nâquit l'état social. Les hommes sentirent qu'il pouvoit exister pour eux un état tel, que n'étant soumis à la volonté d'aucuns en particulier, ils le fussent tous à des conventions réciproques, générales, imposées à tous, bénéficiantes à tous également. Il est vrai que chacun aliéna par ce contrat tout ce qu'il possédoit au-dessus des autres dans l'état naturel, et qu'il acquit, pour ainsi dire, la médiocrité d'autrui. Il se forma un tout de perfections et d'imperfections, sous le rapport général qui fut l'essence publique.

Ce fut à la morale, qui est la religion sociale, que les hommes durent ce nouveau système de vie. Elle posa tout l'édifice sur cet autre principe : *Fais à autrui ce que tu voudrois qu'il te fît....* Honneurs, hommages, reconnoissance à celui dont l'ame auguste conçut le premier cette élévation personnelle, sut la discerner dans l'espèce humaine, parvint à la rendre sensation générale, et à en organiser le mouvement. Ton nom échappe à nos desirs ; mais l'homme t'apperçoit dans son semblable policé.

La religion naturelle ne faisoit que défendre le mal envers nos semblables ; la religion sociale alla plus loin ; elle prescrivit le bien ; elle est la base de cette égalité sociale qui est le but de la révolution, le perfectionnement des sociétés politiques. L'état naturel nous livre à toute l'impétuosité des passions ; la force y préside ; c'est le despotisme brut. La royauté est un autre despotisme combiné, machiavélique, mais qui repose de même sur la force. La seule latitude qu'il tolère, est la faculté d'être méchant avec art. Une fois, un certain période atteint, on y devient inattaquable. La garantie des forfaits est leurs tailles colossales.

Pénétrons-nous donc bien de toutes ces vérités.

Faisons les premiers pas que j'ai indiqués pour arriver à la seule forme de gouvernement stable, et qui puisse justifier la révolution des maux qu'elle a entraîné. Que ce soit le gouvernement actuel qui ait le mérite d'ouvrir cette marche, nous le lui cédons de bon cœur, et je lui proteste d'avance qu'il verra tous ceux que l'on cherche envain à flétrir par les noms de terroristes et d'anarchistes, le seconder avec constance dans ses desseins, et se vouer à la plus parfaite tranquillité ; loin de se tourmenter dans l'avenir, ils s'y reposeront avec confiance.

Je n'ai plus qu'un mot à ajouter à ce chapitre ; le voici : la plupart des législateurs, pour arriver à des institutions prohibitives, ont presque tous employé la superstition. Qu'est-il arrivé ? c'est que, lorsque le tems a renversé par la force des lumières l'édifice superstitieux, ce qui arrive toujours, ces moyens ont fait tort au fond des institutions, qui souvent étoient bonnes, et ces institutions ont croulé avec l'édifice superstitieux. Ce n'est pas le cas de dire : qui veut la chose veut les moyens. La chose étoit bonne, mais les moyens sont faux ; ils font tort à la chose.

Le meilleur de tous les législateurs sera celui qui, ayant comparé un état quelconque à une grande famille, prendra pour modèle le père de famille ingénieux, sévère, mais aimable, qui a organisé sans faste, mais avec aisance et propreté ; sans licence, mais avec des plaisirs ; sans tyrannie, mais avec égalité, caractère, l'intérieur de sa maison, et l'aura fait d'autant plus solidement, qu'il aura convaincu, par des faussetés spacieuses ou abusives, les individus qui la composent ; mais, au contraire, les y aura amené par le langage de la vérité, les y aura fixé par leur propre intérêt, par un genre de vie simple, laborieux, mais orné de l'aisance, de l'industrie, de la culture des vertus et des plaisirs, auxquels si puissamment nous invite la nature, sans altérer ni forcer la raison.

Terminons par ce passage d'un sage : *L'instruction bien dirigée corrige l'inégalité naturelle des facultés, au lieu de la fortifier, comme les bonnes lois remédient à l'inégalité des moyens de subsistances ; comme dans les sociétés où les institutions auront amené cette égalité, la liberté, quoique soumise à une constitution régulière, sera plus étendue, plus entière que dans l'indépendance de la vie sauvage ; alors l'art social a rempli son but, celui d'assurer et d'étendre pour tous la jouissance des droits communs, auxquels ils sont appellés par la nature.* (Condorcet, ouvrage posthume, page 348.

CHAPITRE V.

Conclusion de l'Ouvrage.

Telles sont mes opinions sur ce qui passe actuellement (1) touchant les grands intérêts de

---

(1) Il sera facile de voir par l'ouvrage même, qu'il y a un peu de tems qu'il est commencé. A présent il devient,

Pagination incorrecte — date incorrecte

NF Z 43-120-12

mon pays. J'étois près de le mettre au jour quand les derniers événemens sont arrivés, ils ne m'empêcheront pas de publier ces réflexions. On verra si l'individu qui répand son ame et toute sa pensée dans cet écrit peut-être regardé comme un être dangereux, comme un ennemi de la révolution, quelques desseins qu'on lui suppose. On verra si je me suis livré à des personnalités dures ; quand, depuis long-tems, sans discontinuer, des écrivains publics soutenus par l'autorité, n'avoient cessés de m'abreuver de fiel ; il m'est permis de ne plus douter aujourd'hui que ce sera devant un tribunal que cessera cette lutte fatiguante et pénible (1).

non-seulement un ouvrage politique, mais un mémoire à consulter pour un prévenu. C'est donc sous ce double rapport qu'il est offert aux Républicains.

(1) Pour donner un témoignage de la bonne volonté que l'on m'a porté dans tous les tems, malgré mon dévouement, je vais citer un fait entre mille autres. Le matin du 13 vendémiaire (jour des exclusifs) je me promenois dans le sallon de la Liberté, avec le Représentant Bézard. Un de ses collègues l'appelle, et lui dit : *Eh bien, ton Lepeletier commande une colonne de rebelles.* Bézard, lui répond : c'est-il bien vrai ; très-sûr, dit son collègue, on l'a vu en cadenette et en collet verd. Oui, car le voilà, dit Bézard, en me montrant, et aussi-tôt il me raconte la chose. Pendant le même tems, l'assemblée primaire des Chantiers à Versailles, dont je suis membre, me mettoit hors la loi, parce qu'elle avoit su que j'étois venu à Paris défendre la Convention. Un membre de cette assemblée primaire proféroit, revêtu de la qualité d'électeur, le serment à haute voix de venger la mort de Louis XVI jusqu'à la sienne propre. Cet homme vient d'être jugé. Les faits ont été déclarés *constans*, il a été acquitté sur *l'intention*. Aujourd'hui cet homme est heureux, libre, et moi je suis poursuivi, et il faut ne pas s'aigrir !

Je

Je n'en invite pas moins ceux qui tiennent les rênes du Gouvernement à réfléchir sans passions sur les idées que je présente. Je desire que, comme moi, ils soient pénétrés de leur importance, de leur vérité. Ah ! si plutôt les moyens que j'indique dans le quatrième chapitre pour consolider et terminer la révolution, eussent été mis en pratique, on ne verroit pas aujourd'hui dans les fers un représentant du peuple connu par son dévouement à la patrie, sa haine pour les rois, on n'y verroit pas d'autres citoyens qui ont combattu pour la république, soit dans le sénat, soit dans les *forum*, soit aux armées. Embastillés dans une cruelle et longue réaction, seroit-il étonnant qu'ils s'aigrissent chaque jour ? Qu'a fait la patrie pour ces hommes ? Quel baume a été versé sur leurs blessures ? Leur a-t-elle même assuré un sommeil paisible ? Non, mais elle leur prépare peut-être la paix du tombeau. De toutes parts retentit le bruit de l'assassinat des patriotes énergiques, les chants homicides du Midi retentissent encore à nos oreilles.

Un nouvel hécatombe de ces républicains vertueux et énergiques sera-t-il offert en holocauste aux tyrans dont triomphent nos armées, au royalisme qui aura l'air de les plaindre pour diriger et enfoncer plus sûrement le couteau ? On me nomme parmi ces glorieux martyrs.

O mon frère ! j'aurai donc sur ton corps sanglant, dans le Panthéon Français, en votant comme toi la mort du tyran, prononcé moi-même l'arrêt de mon destin ; oui, je le lisois

F

écrit dans ta blessure ; mais cet avenir cruel ne m'a fait ni pâlir, ni reculer.

Peuple français, lorsque le royalisme vint frapper le frère que j'aimois et l'enlevoit à notre amitié et à la patrie, tu versas sur ma blessure le seul remède qui pût en appaiser les douleurs ; par un concours autant honorable que touchant, tu vins rendre hommage à la vertu. Paris, la France entière vint essuyer mes pleurs. Je conserve ces glorieux monumens avec sa dépouille sanglante. C'est toujours là que j'ai lu mon devoir, et ne m'y trompai jamais. Si le moment est venu de succomber, je n'en aurai pas moins rempli ma carrière, quoique arrêté à la fleur de l'âge. Alors, peuple français, je te légue un autre jeune frère digne du nom qu'il porte ; il saura mourir encore pour la cause de la révolution, pour le triomphe de la liberté et de l'égalité.

FÉLIX LEPELLETIER.

De l'Imprimerie de R. VATARD et ass. rue de l'Université, No. 139 ou 926.